W0223461

*Sri Shankaracharya*

# Atma Bodha

Die Erkenntnis des Selbst

&

# Aparoksha Anubhuti

Die direkte Verwirklichung des Selbst

2. Auflage 2013 dieser deutschen Ausgabe

© 2011-2013 Yoga Vidya Verlag GmbH
Alle Rechte vorbehalten
Herausgegeben vom Berufsverband der Yoga Vidya Lehrer e.V.
Yogaweg 7, 32805 Horn-Bad Meinberg, Deutschland

Weitere Sach- und Fachbücher sind zu beziehen über:
Yoga Vidya Verlag GmbH, Yogaweg 7, 32805 Horn-Bad Meinberg, Deutschland
Tel. 05234/87-2209, Fax – 2225, shop@yoga-vidya.de, www.yoga-vidya.de

Printed in Germany

ISBN 978-3-931854-85-0

श्री शंकराचार्य
*śrī śaṅkarācārya*

आत्मबोधः

# ātma-bodhaḥ

## Die Erkenntnis des Selbst

ॐ

übersetzt von

**Maheshwara Mario Illgen**

# Vorwort

Es ist uns eine große Freude, diese beiden grundlegenden Jnana Yoga Werke auf Deutsch herausgeben zu können. In komprimierter knapper Versform bringt Adi Shankara, meist Sri Shankaracharya genannt, der große Denker, Philosoph und Lehrer des indischen Mittelalters (etwa 788-820) die Lehre des Vedanta, der Philosophie der Einheit, zum Ausdruck:

Die Welt, wie wir sie wahrnehmen, hat nur eine relative Realität, ist der Veränderung und Vergänglichkeit, der Begrenzung durch Zeit, Raum und Kausalität unterworfen und daher „unwirklich" im Sinn des Vedanta. „Wirklich" ist das Bleibende, das Seiende, das Ewige, ohne Anfang und ohne Ende, die Essenz in, hinter und jenseits aller manifesten Phänomene: Brahman, das Absolute, das Unendliche, Sat-Chid-Ananda, reines Bewusstsein. Und mit teilweise drastischen Beispielen und Ausdrucksweisen versucht er uns immer wieder dazu zu bringen, unser Bewusstsein zu erweitern, aus der normalen Begrenztheit und Identifikation mit Körper, Emotionen, Gedanken usw. herauszutreten und zu erkennen und zu erfahren: ich bin in meiner Essenz, in meinem wahren Kern nicht dieser vergängliche begrenzte Körper, dieses verletzliche begrenzte Körper-Geist-System, sondern reines Bewusstsein, ewig, unbegrenzt, ewig frei! Und er versichert uns immer wieder: Du brauchst es nur zu erkennen und zu verwirklichen, und alles relative Leiden hat ein Ende!

Der 4-fache Übungsweg des Jnana Yoga ist
- Sravana, das Hören und Lesen über die höchste Wahrheit,
- Manana, das selbst darüber Nachdenken, sich mit dem Gehörten und Gelesenen auseinander zu setzen,
- Nididhyasana, das Meditieren darüber und somit die intuitive Erkenntnis und Erfahrung dessen, und mündet schließlich in
- Anubhava, die Verwirklichung der Einheit und damit der Befreiung und Erleuchtung.

Dieses Büchlein ist ein hervorragender Begleiter auf diesen Stufen. Du kannst es immer wieder aufschlagen, und es wird Dir jedes Mal neue Erkenntnisse, einen neuen Zugang zu dieser höchsten Wirklichkeit geben. Du wirst immer vertrauter mit dieser Art zu denken und die Welt zu sehen.

Und viele Verse eignen sich wunderbar, darüber zu meditieren. Die Kraft von Shankaracharya, der ja nicht nur ein trockener Philosoph und Gelehrter war, sondern ein selbstverwirklichter Meister und Mystiker, kommt über die Verse und seine geschliffene Rhetorik wunderbar zum Ausdruck. Wenn man sich darauf einstimmen kann, wird seine Führung und Weisheit oft unmittelbar zugänglich und kann Dir zu größeren und kleineren Erkenntnissen und Verwirklichungen verhelfen.

* * *

Unser herzlicher Dank gilt allen, die die Herausgabe dieses seltenen Schatzes ermöglicht haben: Maheshwara Mario Ilgen und Clemens Vargas Ramos für die brillante Übersetzung ins Deutsche, Chitra Kasper für das Lektorat und die Koordination der Arbeiten, Mahalakshmi Tasic und Adishakti Blunder für das Layout und den Satz.

* * *

Ein Teil des Erlöses geht an das Brahma Vidya Hilfswerk zur Unterstützung sozialer und karitativer Werke in Indien. Das Brahma Vidya Hilfswerk unterstützt u.a. eine Schule in den Slums von Delhi, zwei Krankenäuser, die kostenlose medizinische Versorgung für Bedürftige anbieten, eine Leprastation, die Durchführung von „Eye Camps" weitere Projekte, wo die Spenden unmittelbar den Betroffenen zukommen.

*Suguna Langer (Swami Nigunananda)*
*für den Yoga Vidya Verlag*
*Bad Meinberg, im Dezember 2010*

तपोभिः क्षीणपापानां शान्तानां वीतरागिणाम् ।
मुमुक्षूणामपेक्ष्योऽयम् आत्मबोधो विधीयते ॥ १ ॥

tapobhiḥ kṣīṇapāpānāṁ śāntānāṁ vītarāgiṇām |
mumukṣūṇāmapekṣyo'yam ātmabodho vidhīyate || 1||

Ich verfasse dieses Atma-Bodha, diese Abhandlung über die Erkenntnis des Selbst, für die, die sich durch Askeseübungen gereinigt haben, die friedvoll im Herzen sind und ruhig, die frei von Verlangen sind und sich nach Erlösung sehnen.

बोधोऽन्यसाधने यो हि साक्षान्मोक्षैकसाधनम् ।
पाकस्य वह्निवज्ज्ञानं विना मोक्षो न सिध्यति ॥ २ ॥

bodho'nyasādhanebhyo hi sākṣānmokṣaikasādhanam |
pākasya vahnivajjñānaṁ vinā mokṣo na sidhyati || 2||

So wie Feuer die direkte Ursache für das Kochen ist, kann Befreiung nicht ohne Erkenntnis erreicht werden. Verglichen mit allen anderen Disziplinen ist die Erkenntnis des Selbst das einzige direkte Mittel zur Befreiung.

अविरोधितया कर्म नाविद्यां विनिवर्तयेत् ।
विद्याविद्यां निहन्त्येव तेजस्तिमिरसङ ॥घवत् ॥ ३ ॥

avirodhitayā karma nāvidyāṁ vinivartayet |
vidyāvidyāṁ nihantyeva tejastimirasaṅghavat || 3||

Handlung kann Unwissenheit nicht zerstören, da sie nicht in Konflikt mit Unwissenheit ist oder ihr entgegen steht. Erkenntnis zerstört wahrlich Unwissenheit, so wie Licht tiefe Dunkelheit vertreibt.

परिच्छन्न इवाज्ञानात् तन्नाशे सति कवे लः ।
स्वयं प्रकाशते ह्यात्मा मेघापायेंऽशुमानिव ॥ ४ ॥

paricchanna ivājñānāt tannāśe sati kevalaḥ |
svayaṁ prakāśate hyātmā meghāpāyeṁ'śumāniva || 4||

Aufgrund von Unwissenheit scheint die Seele begrenzt zu sein.
Wenn dieUnwissenheit zerstört ist, offenbart sich das Selbst, das aus keinerlei Vielfalt besteht, wahrlich durch sich selbst - wie die Sonne, wenn die Wolken sich verziehen.

अज्ञानकलुषं जीवं ज्ञानाभ्यासाद्विनिर्मलम् ।
कृत्वा ज्ञानं स्वयं नश्येज्जलं कतकरेणुवत् ॥ ५ ॥

ajñānakaluṣaṁ jīvaṁ jñānābhyāsādvinirmalam |
kṛtvā jñānaṁ svayaṁ naśyejjalaṁ katakareṇuvat || 5||

Die ständige Praxis von Erkenntnis reinigt die Seele ('Jivatman'), die durch Unwissenheit beschmutzt ist und verschwindet dann selbst - so wie das Pulver der Kataka-Nuss nach unten sinkt, nachdem es das schmutzige Wasser gereinigt hat.

संसारः स्वप्नतुल्यो हि रागद्वेषादिसङ्क ॥लः ।
स्वकाले सत्यवद्भाति प्रबोधे सत्यसद्भवेत् ॥ ६ ॥

saṁsāraḥ svapnatulyo hi rāgadveṣādisaṅkulaḥ |
svakāle satyavadbhāti prabodhe satyasadbhavet || 6||

Die Welt, welche voll von Anhaftungen, Abneigungen usw. ist, ist wie ein Traum. Er scheint als wirklich, so lange er andauert, aber er erscheint als unwirklich, wenn man wach ist (d.h. wenn wahre Weisheit dämmert).

तावत्सत्यं जगद्भाति शुक्तिकारजतं यथा ।
यावन्न ज्ञायते ब्रह्म सर्वाधिष्ठानमद्वयम् ॥ ७ ॥

tāvatsatyaṁ jagadbhāti śuktikārajataṁ yathā |
yāvanna jñāyate brahma sarvādhiṣṭhānamadvayam || 7||

Die Welt (Jagat) erscheint als wirklich (Satyam), so lange Brahman, das Substrat, die Basis dieser ganzen Schöpfung, nicht verwirklicht ist. Es ist wie die Illusion von Silber im Perlmutt.

उपादानेऽखिलाधारे जगन्ति परमेश्वरे ।
सर्गस्थितिलयान्यान्ति बुद्ब ॥दानीव वारिणि ॥ ८ ॥

upādāne'khilādhāre jaganti parameśvare |
sargasthitilayānyānti budbudānīva vāriṇi || 8||

Wie Blasen im Wasser so entstehen, bestehen und vergehen die Welten im Höchsten Selbst, welches die materielle Ursache und die Stütze von allem ist.

सच्चिदात्मन्यनुस्यूते नित्ये विष्णौ प्रकल्पिताः ।
व्यक्तयो विविधाः सर्वा हाटके कटकादिवत् ॥ ९ ॥

saccidātmanyanusyūte nitye viṣṇau prakalpitāḥ |
vyaktayo vividhāḥ sarvā hāṭake kaṭakādivat || 9||

Die ganze manifestierte Welt der Dinge und Wesen wird durch die Vorstellungskraft auf das Substrat projiziert, welches der ewige, all-durchdringende Vishnu ist, dessen Natur Sein-Wissen (Sat-Chit) ist – genauso wie verschiedene Schmuckstücke alle aus dem selben Gold gemacht sind.

यथाकाशो हृषीकेशो नानोपाधिगतो विभुः ।
तद्भेदाद्भिन्नवद्भाति तन्नाशे कवे लो भवेत् ॥ १० ॥

yathākāśo hṛṣīkeśo nānopādhigato vibhuḥ |
tadbhedādbhinnavadbhāti tannāśe kevalo bhavet || 10||

Der all-durchdringende Raum (Akasha) erscheint differenziert aufgrund seiner Verbindung mit verschiedenen Begrenzungen (Upadhis), welche sich voneinander unterscheiden. Der Raum wird eines durch ~~die Zerstörung~~ dieser Begrenzungen. So erscheint auch die allgegenwärtige Wirklichkeit differenziert aufgrund ihrer Verbindung mit verschiedenen Upadhis und wird eins durch die Zerstörung dieser Upadhis.

नानोपाधिवशादेव जातिवर्णाश्रमादयः ।
आत्मन्यारोपितास्तायें रसवर्णादि भदे वत् ॥ ११ ।

nānopādhivaśādeva jātivarṇāśramādayaḥ |
ātmanyāropitāstoye rasavarṇādi bhedavat || 11|

Durch seine Verbindung mit verschiedenen Upadhis werden solche Vorstellungen wie Kaste, Farbe und Stellung dem Atman zugeschrieben; so wie Geschmack, Farbe etc. dem Wasser zugeschrieben werden.

पंचीकृतमहाभूतसंभवं कर्मसंचितम् ।
शरीरं सुखदुःखानां भोगायतनमुच्यते ॥ १२ ॥

pañcīkṛtamahābhūtasambhavaṁ karmasañcitam |
śarīraṁ sukhaduḥkhānāṁ bhogāyatanamucyate || 12||

Der grobstoffliche Körper, das Medium, durch das Freude und Schmerz erfahren wird (das „Zelt der Erfahrungen"), wird für jedes Individuum durch seine eigenen vergangenen Handlungen bestimmt und besteht aus den fünf Elementen, die den Vorgang der "fünf-fachen Selbstteilung und gegenseitigen Verbindung" (Panchikarana) durchlaufen haben.

पंचप्राणमनोबुद्धिदशेन्द्रियसमन्वितम् ।
अपंचीकृतभूतोत्थं सूक्ष्माङ्गं भोगसाधनम् ॥ १३ ॥

pañcaprāṇamanobuddhidaśendriyasamanvitam |
apañcīkṛtabhūtottham sūkṣmāṅgam bhogasādhanam || 13||

Die fünf Pranas, die zehn Organe (Indriyas), Manas und Buddhi - alles gebildet aus den fünf feinstofflichen Elementen (Tanmatras) vor dem Prozess ihrer fünffachen Teilung und wechselseitigen Verbindung (Panchikarana) - bilden den feinstofflichen Körper, die Instrumente der Erfahrung (für das Individuum).

अनाद्यविद्यानिर्वाच्या कारणोपाधिरुच्यते ।
उपाधित्रितयादन्यम् आत्मानमवधारयेत् ॥ १४ ॥

anādyavidyānirvācyā kāraṇopādhirucyate |
upādhitritayādanyam ātmānamavadhārayet || 14||

Unwissenheit, die unbeschreiblich und anfangslos ist, ist der Kausalkörper. Erkenne klar, dass der Atman von diesen drei begrenzenden Körpern (Upadhis) verschieden ist.

पंचकोशादियोगेन तत्तन्मय इव स्थितः ।
शद्धु त्मा नीलवस्त्रादियोगेन स्फटिको यथा ॥ १५ ॥

pañcakośādiyogena tattanmaya iva sthitaḥ |
śuddhātmā nīlavastrādiyogena sphaṭiko yathā || 15||

Durch seine Identifikation mit den fünf Hüllen scheint der makellose Atman deren Eigenschaften anzunehmen, so wie ein Kristall die Farbe seiner Umgebung (blauer Stoff etc.) anzunehmen scheint.

वपुस्तुषादिभिः कोशैः यक्तुं यत्तु यवघाततः ।
आत्मानमन्तरं शुद्धं विविच्यात्तण्डुलं यथा ॥ १६ ॥

vapustuṣādibhiḥ kośaiḥ yuktaṁ yuktyavaghātataḥ |
ātmānamantaraṁ śuddhaṁ vivicyāttaṇḍulaṁ yathā || 16||

Durch unterscheidende Selbst-Analyse und logisches Denken sollte man das Reine Selbst von den Hüllen trennen, so wie man das Reiskorn von der Hülse etc. trennt, die es bedecken.

सदा सर्वगतोऽप्यात्मा न सर्वत्रावभासते ।
बुद्धावेवावभासेत स्वच्छेषु प्रतिबिम्बवत् ॥ १७ ॥

sadā sarvagato'pyātmā na sarvatrāvabhāsate |
buddhāvevāvabhāseta svaccheṣu pratibimbavat || 17||

Obwohl er all-durchdringend ist, scheint der Atman nicht in allen Dingen. Er manifestiert sich nur im Inneren Instrument, dem Intellekt (Buddhi) - wie eine Reflexion in einem sauberen Spiegel.

देहेन्द्रियमनोबुद्धिप्रकृतिभ्यो विलक्षणम् ।
तद ॥-वृत्तिसाक्षिणं विद्याद ॥ आत्मानं राजवत्सदा ॥ १८ ॥

dehendriyamanobuddhiprakṛtibhyo vilakṣaṇam |
tad-vṛttisākṣiṇaṁ vidyād ātmānaṁ rājavatsadā || 18||

Man muss erkennen, dass der Atman immer wie der König ist, verschieden vom Körper, den Sinnen, dem Geist und dem Intellekt, die alle die Materie (Prakriti) ausmachen. Der Atman ist der Zeuge ihrer Funktionen.

व्यापृतेष्विन्द्रियेष्वात्मा व्यापारीवाविवेकिनाम् ।
॥श्यतेऽभ्रेषु धावत्सु धावन्निव यथा शशी ॥ १९ ॥

vyāpṛteṣvindriyeṣvātmā vyāpārīvāvivekinām |
dṛśyate'bhreṣu dhāvatsu dhāvanniva yathā śaśī || 19||

Der Mond scheint sich zu bewegen, wenn die Wolken am Himmel ziehen. Genauso erscheint für den Menschen ohne Unterscheidungskraft der Atman aktiv, wenn er durch die Sinnesorgane beobachtet wird.

आत्मचैतन्यमाश्रित्य देहें न्द्रियमनोधियः ।
स्वक्रियार्थेषु वर्तन्ते सूर्यालोकं यथा जनाः । २० ॥

ātmacaitanyamāśritya dehendriyamanodhiyaḥ |
svakriyārtheṣu vartante sūryālokaṁ yathā janāḥ | 20||

Abhängig von der Lebenskraft des Bewusstseins (Atma Chaitanya) beschäftigen sich Körper, Sinne, Geist und Intellekt mit ihren entsprechenden Aktivitäten - so wie auch die Menschen abhängig vom Licht der Sonne arbeiten.

देहेन्द्रियगुणान्कर्माणि अमले सच्चिदात्मनि ।
अध्यस्यन्त्यविवेकेन गगने नीलतादिवत् ॥ २१ ॥

dehendriyaguṇānkarmāṇi amale saccidātmani |
adhyasyantyavivekena gagane nīlatādivat || 21||

Aufgrund ihrer fehlenden Unterscheidungskraft schreiben Narren dem Atman, absolutem Sein-Bewusstsein (Sat-Chit), all die verschiedenartigen Funktionen des Körpers und der Sinne zu; so wie sie die blaue Farbe und weiteres dem Himmel zuschreiben.

अज्ञानान्मानसोपाधेः कर्तृत्वादीनि चात्मनि ।
कल्प्यन्तेऽम्बुगते चन्द्रे चलनादि यथाम्भसः । २२ ॥

ajñānānmānasopādheḥ kartṛtvādīni cātmani |
kalpyante'mbugate candre calanādi yathāmbhasaḥ | 22||

Die Bewegungen der Wellen werden aus Unwissenheit dem auf den Wellen tanzenden Mond zugeschrieben - genauso wird der Träger der Handlungen, der Vergnügungen und der anderen Begrenzungen (die in Wahrheit zum Geist gehören) als die Natur des Selbst (Atman) missverstanden.

रागेच्छासुखदुःखादि बुद्धौ सत्यां प्रवर्तते ।
सुषप्तौ नास्ति तन्नाशे तस्माद्बु॥द्धेस्तु नात्मनः ॥ २३ ॥

rāgecchāsukhaduḥkhādi buddhau satyāṁ pravartate |
suṣaptau nāsti tannāśe tasmādbuddhestu nātmanaḥ || 23||

Bindung, Wünsche, Vergnügen, Leid usw. werden so lange als existent wahrgenommen, wie der Intellekt (Buddhi) oder der Geist funktionieren. Sie werden nicht im Tiefschlaf wahrgenommen, wenn der Geist aufhört zu existieren. Deswegen gehören sie nur zum Geist und nicht zum Atman.

प्रकाशोऽकर्स्य तोयस्य शैत्यमग्नये र्थोष्णता ।
स्वभावः सच्चिदानन्दनित्यनिर्मलतात्मनः ॥ २४ ॥

prakāśo'rkasya toyasya śaityamagneryathoṣṇatā |
svabhāvaḥ saccidānandanityanirmalatātmanaḥ || 24||

So wie Leuchtkraft die Natur der Sonne ist, Kühle die des Wassers und Hitze die des Feuers, so ist auch die Natur des Atman Ewigkeit, Reinheit, Wirklichkeit, Bewusstsein und Glückseligkeit.

आत्मनः सच्चिदंशश्च बुद्धेर्वृत्तिरिति द्वयम् ।
संयोज्य चाविवेकेन जानामीति प्रवर्तते ॥ २५ ॥

ātmanaḥ saccidaṁśaśca buddhervṛttiriti dvayam |
saṁyojya cāvivekena jānāmīti pravartate || 25||

Durch das unterscheidungslose Verbinden dieser beiden - des Sein-Bewusstsein-Aspekts (Sat-Chit) des Selbst und der Gedankenwelle des Intellekts - entsteht die Auffassung „Ich weiß“.

आत्मनो विक्रिया नास्ति बुद्धेर्बोधो न जात्विति ।
जीवः सर्वमलं ज्ञात्वा ज्ञाता द्रष्टेति मुह्यति ॥ २६ ॥

ātmano vikriyā nāsti buddherbodho na jātviti |
jīvaḥ sarvamalaṁ jñātvā jñātā draṣṭeti muhyati || 26||

Der Atman tut nie irgendetwas und der Intellekt allein hat keine Fähigkeit „Ich weiß“ zu erfahren. Aber die Individualität in uns denkt fälschlicherweise, sie selbst sei der Seher und der Wissende.

रज्जुसर्पवदात्मानं जीवं ज्ञात्वा भयं वहेत् ।
नाहं जीवः परात्मेति ज्ञातं चेन्निर्भयो भवेत् ॥ २७ ॥

rajjusarpavadātmānaṁ jīvaṁ jñātvā bhayaṁ vahet |
nāhaṁ jīvaḥ parātmeti jñātaṁ cennirbhayo bhavet || 27||

So wie der Mensch, der das Seil für eine Schlange hält, von Furcht überwältigt wird, so wird auch der, der sich für ein Ego (Jiva) hält, von Furcht überwältigt. Die selbst-zentrierte Individualität in uns gewinnt die Furchtlosigkeit zurück, wenn sie erkennt, dass sie kein Jiva, sondern selbst die Höchste Seele ist.

आत्मावभासयत्येको बुद्ध्यादीनीन्द्रियाण्यपि ।
दीपो घटादिवत्स्वात्मा जडैस्तैर्नावभास्यते ॥ २८ ॥

ātmāvabhāsayatyeko buddhyādīnīndriyāṇyapi |
dīpo ghaṭādivatsvātmā jaḍaistairnāvabhāsyate || 28||

So wie eine Lampe ein Glas oder einen Topf erhellt, so erhellt auch der Atman den Geist und die Sinnesorgane usw. Diese materiellen Gegenstände können sich nicht selbst erhellen, da sie unbelebt sind.

स्वबोधे नान्यबोधेच्छा बोधरूपतयात्मनः ।
न दीपस्यान्यदीपेच्छा यथा स्वात्मप्रकाशने ॥ २९ ॥

svabodhe nānyabodhecchā bodharūpatayātmanaḥ |
na dīpasyānyadīpecchā yathā svātmaprakāśane || 29||

Eine leuchtende Lampe braucht keine andere Lampe, um ihr Licht zu beleuchten. Genauso braucht der Atman, der Erkenntnis selbst ist, keine andere Erkenntnis, um sich zu erkennen.

निषिध्य निखिलोपाधीन्नेति नेतीति वाक्यतः ।
विद्यादैक्यं महावाक्यैर्जीवात्मपरमात्मनोः ॥ ३० ॥

niṣidhya nikhilopādhīnneti netīti vākyataḥ |
vidyādaikyaṁ mahāvākyairjīvātmaparamātmanoḥ || 30||

Mittels eines Vorgangs der Negierung der Begrenzungen (Upadhis) mit Hilfe der Aussage der Schriften "Neti, Neti - nicht dies, nicht das" muss die Einheit der individuellen Seele und der Höchsten Seele, wie sie von den großen Mahavakyas gezeigt wird, verwirklicht werden.

आविद्यकं शरीरादि ॥श्यं बुद्ब ॥द्‌वत्क्षरम् ।
एताद्विलक्षणं विद्यादहं ब्रह्मेति निर्मलम् ॥ ३१ ॥

āvidyakaṁ śarīrādi dṛśyaṁ budbudavatkṣaram |
etadvilakṣaṇaṁ vidyādahaṁ brahmeti nirmalam || 31||

Der physische Körper usw. bis hin zum Kausalkörper (Avidya), die wahrnehmbare Objekte sind, sind so vergänglich wie Wasserblasen. Erkenne durch Unterscheidung „Ich bin die reine absolute Wirklichkeit (Brahman)", vollständig verschieden von all diesen.

दहे ान्यत्वान्न मे जन्मजराकार्श्यलयादयः ।
शब्दादिविषयैः सङ्गो निरिन्द्रियतया न च ॥ ३२ ॥

dehānyatvānna me janmajarākārśyalayādayaḥ |
śabdādiviṣayaiḥ saṅgo nirindriyatayā na ca || 32||

Ich bin verschieden vom Körper und also frei von Veränderungen wie Geburt, Alter, Senilität, Tod usw. Ich habe nichts zu tun mit den Sinnesobjekten wie Klang und Geschmack, da ich ohne Sinnesorgane bin.

अमनस्त्वान्न मे दुःखरागद्वषे भयादयः ।
अप्राणो ह्यमनाः शुभ्र इत्यादि श्रुतिशासनात् ॥ ३३ ॥

amanastvānna me duḥkharāgadveṣabhayādayaḥ |
aprāṇo hyamanāḥ śubhra ityādi śrutiśāsanāt || 33||

Ich bin verschieden vom Geist und deshalb bin ich frei von Sorgen, Anhaftung, Bosheit und Angst. Denn „Er ist ohne Atmen und ohne Geist, rein usw." ist die Botschaft der großen Schriften, der Upanishaden.

निर्गुणो निष्क्रियो नित्यो निर्विकल्पो निरंजनः ।
निर्विकारो निराकारो नित्यमुक्तोऽस्मि निर्मलः ॥ ३४ ॥

nirguṇo niṣkriyo nityo nirvikalpo nirañjanaḥ |
nirvikāro nirākāro nityamukto'smi nirmalaḥ || 34||

Ich bin ohne Merkmale und ohne Handlungen; ewig (Nitya), ohne jegliches Verlangen und Gedanken (Nirvikalpa), ohne jeglichen Schmutz (Niranjana), ohne jegliche Veränderung (Nirvikara), ohne Form (Nirakara), ewig frei (Nitya Mukta) und ewig rein (Nirmala).

अहमाकाशवत्सर्वं बहिरन्तर्गतोऽच्युतः ।
सदा सर्वसमः सिद्धो निःसङ्गो निर्मलोऽचलः ॥ ३५ ॥

ahamākāśavatsarvaṁ bahirantargato'cyutaḥ |
sadā sarvasamaḥ siddho niḥsaṅgo nirmalo'calaḥ || 35||

Wie der Raum fülle ich alle Dinge im Inneren und Äußeren. Unveränderlich und gleich in allen, zu allen Zeiten bin ich rein, ungebunden, makellos und unbewegt.

नित्यशुद्धविमुक्तैकमखण्डानन्दमद्वयम् ।
सत्यं ज्ञानमनन्तं यत्परं ब्रह्माहमेव तत् ॥ ३६ ॥

nityaśuddhavimuktaikamakhaṇḍānandamadvayam |
satyaṁ jñānamanantaṁ yatparaṁ brahmāhameva tat || 36||

Ich bin wahrlich dieses Höchste Brahman allein, welches ewig, rein und frei ist, Eins, unteilbar und nicht-dual und dessen Natur unveränderliche grenzenlose Erkennnis ist.

एवं निरन्तराभ्यस्ता ब्रह्मैवास्मीति वासना ।
हरत्यविद्याविक्षेपान् रोगानिव रसायनम् ॥ ३७ ॥

evaṁ nirantarābhyastā brahmaivāsmīti vāsanā |
haratyavidyāvikṣepān rogāniva rasāyanam || 37||

Der Eindruck (Vasana) „Ich bin Brahman", der auf diese Art durch ständige Praxis geschaffen wird, beseitigt die Unwissenheit und die Aufregung, die durch sie verursacht wird - wie eine Medizin oder ein Rasayana (ayurvedische Kur) Krankheit beseitigt.

विविक्तदेश आसीनो विरागो विजितेन्द्रियः ।
भावयेदके मात्मानं तमनन्तमनन्यधीः ॥ ३८ ॥

viviktadeśa āsīno virāgo vijitendriyaḥ |
bhāvayedekamātmānaṁ tamanantamananyadhīḥ || 38||

Indem Du an einem einsamen Ort sitzt, den Geist von Wünschen befreist und die Sinne beherrschst, meditiere mit unerschütterlicher Aufmerksamkeit über den Atman, welcher Eins ohne ein Zweites ist.

आत्मन्येवाखिलं ॥श्यं प्रविलाप्य धिया सुधीः ।
भावयेदेकमात्मानं निर्मलाकाशवत्सदा ॥ ३९ ॥

ātmanyevākhilaṁ dṛśyaṁ pravilāpya dhiyā sudhīḥ |
bhāvayedekamātmānaṁ nirmalākāśavatsadā || 39||

Der Weise sollte intelligent die gesamte Welt der Objekte im Atman allein aufgehen lassen und immer an das Selbst denken, das genauso wenig wie der Himmel jemals von etwas beschmutzt wird.

रूपवर्णादिकं सर्वं विहाय परमार्थवित् ।
परिपुर्णंचिदानन्दस्वरूपेणावतिष्ठते ॥ ४० ॥

rūpavarṇādikaṁ sarva vihāya paramārthavit |
paripurṇañcidānandasvarūpeṇāvatiṣṭhate || 40||

Wer das Höchste realisiert hat, wirft all seine Identifikationen
mit den Objekten von Namen und Formen ab. Er verweilt (danach) als
Verkörperung des Unendlichen Bewusstseins und der Unendlichen
Glückseligkeit. Er wird das Selbst.

ज्ञातृज्ञानज्ञेयभेदः परे नात्मनि विद्यते ।
चिदानन्दैकरूपत्वाद्दीप्यते स्वयमेव हि ॥ ४१ ॥

jñātṛjñānajñeyabhedaḥ pare nātmani vidyate |
cidānandaikarūpatvāddīpyate svayameva hi || 41||

Es gibt keine Verschiedenheiten wie „der Wissende", „das Wissen" und
„das Objekt des Wissens" im Höchsten Selbst. Da Es von der Natur von
endloser Glückseligkeit ist, erlaubt Es keine solche Verschiedenheiten
in sich selbst. Es scheint allein aus sich heraus.

एवमात्मारणौ ध्यानमथने सततं कृते ।
उदितावगतिर्ज्वाला सर्वाज्ञानेन्धनं दहेत् ॥ ४२ ॥

evamātmāraṇau dhyānamathane satataṁ kṛte |
uditāvagatirjvālā sarvājñānendhanaṁ dahet || 42||

Wenn diese niederen und höheren Aspekte des Selbst gut aneinander
gerieben werden, wird das Feuer des Wissens daraus geboren,
welches in seiner mächtigen Feuersbrunst all den Brennstoff
der Unwissenheit in uns verbrennen wird.

अरुणेनेव बोधेन पूर्वं सन्तमसे हृते ।
तत आविर्भवेदात्मा स्वयमेवांशुमानिव ॥ ४३ ॥

aruṇeneva bodhena pūrvaṁ santamase hṛte |
tata āvirbhavedātmā svayamevāṁśumāniva || 43||

Der Herr der ersten Dämmerung (Aruna) selbst hat schon die tiefste Dunkelheit geraubt, wenn bald die Sonne aufgeht. Das Göttliche Bewusstsein des Selbst geht auf, wenn die richtige Erkenntnis die Dunkelheit im Herzen vertrieben hat.

आत्मा तु सततं प्राप्तोऽप्यप्राप्तवदविद्यया ।
तन्नाशे प्राप्तवद्भाति स्वकण्ठाभरणं यथा ॥ ४४ ॥

ātmā tu satataṁ prāpto'pyaprāptavadavidyayā |
tannāśe prāptavadbhāti svakaṇṭhābharaṇaṁ yathā || 44||

Atman ist eine all-gegenwärtige Wirklichkeit. Aber aufgrund von Unwissenheit wird er nicht erkannt. Durch die Zerstörung der Unwissenheit wird Atman erkannt. Es ist wie die vermisste Halskette am eigenen Hals.

स्थाणौ पुरुषवद्भ्रान्त्या कृता ब्रह्मणि जीवता ।
जीवस्य तात्त्विके रूपे तस्मिन्दृष्टे निवर्तते ॥ ४५ ॥

sthāṇau puruṣavadbhrāntyā kṛtā brahmaṇi jīvatā |
jīvasya tāttvike rūpe tasmindṛṣṭe nivartate || 45||

Durch Unwissenheit scheint Brahman ein "Jiva" zu sein, so wie ein Baumstumpf ein Geist zu sein scheint. Die ego-zentrierte Individualität wird zerstört, wenn das Selbst als wahre Natur des Jivas realisiert wird.

तत्वस्वरूपानुभवादुत्पन्नं ज्ञानमंजसा ।
अहं ममेति चाज्ञानं बाधते दिग्भ्रमादिवत् ॥ ४६ ॥

tatvasvarūpānubhavādutpannaṁ jñānamañjasā ǀ
ahaṁ mameti cājñānaṁ bādhate digbhramādivat ǀǀ 46ǀǀ

Die Unwissenheit, die durch Begriffe wie „Ich“ und „mein“ gekennzeichnet ist, wird zerstört durch das Wissen, das durch die Erkenntnis der wahren Natur des Selbst entsteht, genau so wie durch die richtige Information eine falsche Vermutung über die Wegrichtung beseitigt wird.

सम्यग्विज्ञानवान् यागे ी स्वात्मन्यवे ाखिलं जगत् ।
एकं च सर्वमात्मानमीक्षते ज्ञानचक्षुषा ॥ ४७ ॥

samyagvijñānavān yogī svātmanyevākhilaṁ jagat ǀ
ekaṁ ca sarvamātmānamīkṣate jñānacakṣuṣā ǀǀ 47ǀǀ

Der Yogi mit vollkommener Erkenntnis und Erleuchtung sieht durch sein „Auge der Weisheit“ (Jnana Chakshush) das ganze Universum in seinem eigenen Selbst und betrachtet alles als sein eigenes Selbst und nichts anderes.

आत्मैवदे ं जगत्सर्वमात्मनोऽन्यन्न विद्यते ।
मृदो यद्व ॥टादीनि स्वात्मानं सर्वमीक्षते ॥ ४८ ॥

ātmaivedaṁ jagatsarvamātmano'nyanna vidyate ǀ
mṛdo yadvadghaṭādīni svātmānaṁ sarvamīkṣate ǀǀ 48ǀǀ

Nichts außer dem Atman existiert: das materielle Universum ist wahrlich Atman. So wie Töpfe und Krüge wahrlich aus Ton gemacht werden und nicht gesagt werden kann, dass sie etwas anderes als Ton sind; so ist auch für die erleuchteten Seele alles Wahrgenommene das Selbst.

जीवन्मुक्तस्तु तद्विद्वान्पूर्वोपाधिगुणान्स्त्यजेत् ।
सच्चिदानन्दरूपत्वात् भवेद्भ्रमरकीटवत् ॥ ४९ ॥

jīvanmuktastu tadvidvānpūrvopādhiguṇānstyajet |
saccidānandarūpatvāt bhavedbhramarakīṭavat || 49||

Ein Befreiter, der mit Selbsterkenntnis ausgestattet ist, gibt die Charakterzüge seiner vorher erklärten Instrumente (Upadhis) auf und aufgrund seiner Natur von Sat-Chit-Ananda wird er wahrlich Brahman wie die Larve, die wächst, um eine Wespe zu sein.

तीर्त्वा मोहार्णवं हत्वा रागद्वेषादिराक्षसान् ।
योगी शान्तिसमायुक्त आत्मारामो विराजते ॥ ५० ॥

tīrtvā mohārṇavaṁ hatvā rāgadveṣādirākṣasān |
yogī śāntisamāyukta ātmārāmo virājate || 50||

Nach der Überquerung des Ozeans der Täuschung und dem Töten der Dämonen von Mögen und Nicht-Mögen verweilt der Yogi, der mit Frieden vereint ist, in der Herrlichkeit seines eigenen realisierten Selbst - als ein Atmaram („derjenige, der sich im Selbst erfreut").

बाह्यानित्यसुखासक्तिं हित्वात्मसुखनिर्वृतः ।
घटस्थदीपवत्स्वस्थं स्वान्तरेव प्रकाशते ॥ ५१ ॥

bāhyānityasukhāsaktiṁ hitvātmasukhanirvṛtaḥ |
ghaṭasthadīpavatsvasthaṁ svāntareva prakāśate || 51||

Der im Selbst verweilende Jivanmukta strahlt, indem er alle seine Verhaftungen an das illusorischen äußere Glück aufgibt und zufrieden mit der Glückseligkeit des Atman ist, von innen heraus wie eine Lampe in einem Krug.

उपाधिस्थोऽपि तद्धर्मैरलिप्तो व्योमवन्मुनिः ।
सर्वविन्मूढवत्तिष्ठेदसक्तो वायवु च्चरेत् ॥ ५२ ॥

upādhistho'pi taddharmairalipto vyomavanmuniḥ |
sarvavinmūḍhavattiṣṭhedasakto vāyuvaccaret || 52||

Obwohl er in den Begrenzungen (Upadhis) lebt, bleibt er, der Kontemplative, sorglos allem gegenüber oder er zieht umher wie der Wind, vollkommen ungebunden.

उपाधिविलयाद्विष्णौ निर्विशेषं विशेन्मुनिः ।
जले जलं विय ॥ोम्रि तेजस्तेजसि वा यथा ॥ ५३ ॥

upādhivilayādviṣṇau nirviśeṣaṁ viśenmuniḥ |
jale jalaṁ viyadvyomri tejastejasi vā yathā || 53||

Nach der Zerstörung der Upadhis ist der Kontemplative völlig absorbiert in "Vishnu", dem all-durchdringenden Geist (Spirit), wie Wasser in Wasser, Raum in Raum und Licht in Licht.

य ॥भान्नापरो लाभो यत्सुखान्नापरं सुखम् ।
यज्ज्ञानान्नापरं ज्ञानं तद्ब्रह्मेत्यवधारयेत् ॥ ५४ ॥

yallābhānnāparo lābho yatsukhānnāparaṁ sukham |
yajjñānānnāparaṁ jñānaṁ tadbrahmetyavadhārayet || 54||

Erkenne das als Brahman, dessen Erreichen nichts mehr zu erreichen lässt; die Segnung, die keinen Wunsch nach anderen Segnungen hinterlässt und die Erkenntnis, die nichts mehr zu erkennen übrig lässt.

यद्दृष्ट ॥वा नापरं ॥श्यं यद्भ ॥त्वा न पुनर्भवः ।
यज्ज्ञात्वा नापरं ज्ञये ं तद्ब्रह्मेत्यवधारयेत् ॥ ५५ ॥

yaddṛṣṭvā nāparaṁ dṛśyaṁ yadbhūtvā na punarbhavaḥ ।
yajjñātvā nāparaṁ jñeyaṁ tadbrahmetyavadhārayet ।। 55।।

Erkenne das als Brahman, das, wenn es gesehen wird, nichts mehr zu sehen übrig lässt; das, wenn man dies geworden ist, keine neuerliche Geburt in dieser Welt nach sich zieht und das, wenn es erkannt wird, nichts anderes zu erkennen übrig lässt.

तिर्यगूर्ध्वमधः पूर्णं सच्चिदानन्दमद्वयम् ।
अनन्तं नित्यमेकं यत्तद्ब्रह्मेत्यवधारयेत् ॥ ५६ ॥

tiryagūrdhvamadhaḥ pūrṇaṁ saccidānandamadvayam ।
anantaṁ nityamekaṁ yattadbrahmetyavadhārayet ।। 56।।

Erkenne das als Brahman, was absolute Existenz, Wissen und Glückseligkeit ist, was nicht-dual, endlos, ewig und Eins ist und das alles füllt - oben und unten und alles, was dazwischen existiert.

अत ॥वृत्तिरूपेण वेदान्तैर्लक्ष्यतेऽवयम् ।
अखण्डानन्दमेकं यत्ततद्ब्रह्मेत्यवधारयेत् ॥ ५७ ॥

atadvyāvṛttirūpeṇa vedāntairlakṣyate'vayam ।
akhaṇḍānandamekaṁ yattatadbrahmetyavadhārayet ।। 57।।

Erkenne das als Brahman, was nicht-dual ist, unteilbar, Eins und wonnevoll und auf das im Vedanta hingewiesen wird als das unveränderliche Substrat, das nach der Negierung aller dinglichen Objekte erkannt wird.

अखण्डानन्दरूपस्य तस्यानन्दलवाश्रिताः ।
ब्रह्माद्यास्तारतम्येन भवन्त्यानन्दिनोऽखिलाः ॥ ५८ ॥

akhaṇḍānandarūpasya tasyānandalavāśritāḥ |
brahmādyāstāratamyena bhavantyānandino'khilāḥ || 58||

Gottheiten wie Brahma und andere kosten nur einen Teil der unbegrenzten Glückseligkeit Brahmans und genießen entsprechend ihren Anteil daran.

तद्युक्तमखिलं वस्तु व्यवहारस्तदन्वितः ।
तस्मात्सर्वगतं ब्रह्म क्षीरे सर्पिरिवाखिले ॥ ५९ ॥

tadyuktamakhilaṁ vastu vyavahārastadanvitaḥ |
tasmātsarvagataṁ brahma kṣīre sarpirivākhile || 59||

Alle Objekte sind von Brahman durchdrungen. Alle Handlungen sind durch Brahman möglich: deshalb durchdringt Brahman alles, wie Butter Milch durchdringt.

अनण्वस्थूलमह्रस्वमदीर्घमजमव्ययम् ।
अरूपगुणवर्णाख्यं तद्ब्रह्मेत्यवधारयेत् ॥ ६० ॥

ananvasthūlamahrasvamadīrghamajamavyayam |
arūpaguṇavarṇākhyaṁ tadbrahmetyavadhārayet || 60||

Erkenne das als Brahman, was weder fein noch grob ist; weder kurz noch lang; ohne Geburt oder Veränderungen; ohne Form, Eigenschaften, Farbe und Name.

यद्भासा भास्यतेऽर्कादि भास्यैर्यत्तु न भास्यते ।
येन सर्वमिदं भाति तद्ब्रह्मेत्यवधारयेत् ॥ ६१ ॥

yadbhāsā bhāsyate'rkādi bhāsyairyattu na bhāsyate |
yena sarvamidaṁ bhāti tadbrahmetyavadhārayet || 61||

Das, durch dessen Licht leuchtende Himmelskörper wie Sonne und Mond erleuchtet werden, das aber durch deren Licht nicht erleuchtet wird, das erkenne als Brahman.

स्वयमन्तर्बहिर्व्याप्य भासयन्नखिलं जगत् ।
ब्रह्म प्रकाशते वह्निप्रतप्तायसपिण्डवत् ॥ ६२ ॥

svayamantarbahirvyāpya bhāsayannakhilaṁ jagat |
brahma prakāśate vahnipratap tāyasapiṇḍavat || 62||

Das ganze Universum äußerlich und innerlich durchdringend strahlt das Höchste Brahman aus sich selbst heraus wie das Feuer, das einen rot-glühenden Eisenball durchdringt und aus sich selbst heraus glüht.

जगद्विलक्षणं ब्रह्म ब्रह्मणोऽन्यन्न किंचन ।
ब्रह्मान्यद्भाति चेन्मिथ्या यथा मरुमरीचिका ॥ ६३ ॥

jagadvilakṣaṇaṁ brahma brahmaṇo'nyanna kiñcana |
brahmānyadbhāti cenmithyā yathā marumarīcikā || 63||

Brahman ist verschieden vom Universum. Es gibt nichts, das nicht Brahman ist. Wenn ein anderes Objekt als Brahman zu existieren scheint, ist es unwirklich wie eine Fata Morgana.

॥दृश्यते श्रूयते यद्यद्ब्रह्मणोऽन्यन्न तद्भवेत् ।
तत्त्वज्ञानाच्च तद्ब्रह्म सच्चिदानन्दमद्वयम् ॥ ६४ ॥

dṛśyate śrūyate yadyadbrahmaṇo'nyanna tadbhavet |
tattvajñānācca tadbrahma saccidānandamadvayam || 64||

Alles, was wahrgenommen oder gehört wird, ist Brahman und nichts anderes. Wenn man die Erkenntnis der Wirklichkeit erlangt, sieht man das Universum als das nicht-duale Brahman, absolutes Sein, Wissen und Glückseligkeit.

सर्वगं सच्चिदात्मानं ज्ञानचक्षुर्निरीक्षते ।
अज्ञानचक्षुर्नेक्षेत भास्वन्तं भानुमन्धवत् ॥ ६५ ॥

sarvagaṁ saccidātmānaṁ jñānacakṣurnirīkṣate |
ajñānacakṣurnekṣeta bhāsvantaṁ bhānumandhavat || 65||

Obwohl der Atman reines Bewusstsein und überall gegenwärtig ist, wird Er doch nur durch das Auge der Weisheit wahrgenommen - aber jemand, dessen Sicht durch Ignoranz verdunkelt ist, sieht Ihn nicht; wie die Blinden die strahlende Sonne nicht sehen.

श्रवणादिभिरुद्दीप्तज्ञानाग्निपरितापितः ।
जीवः सर्वमलान्मुक्तः स्वर्णवद्द्योतते स्वयम् ॥ ६६ ॥

śravaṇādibhiruddīptajñānāgniparitāpitaḥ |
jīvaḥ sarvamalānmuktaḥ svarṇavaddyotate svayam || 66||

Der von allen Unreinheiten freie "Jiva", der im Feuer der Erkenntnis, angefacht durch Zuhören usw. (Shravana = darüber nachdenken, Manana = von der Wahrheit hören, Nididhyasana = tief darüber meditieren), erhitzt wird, strahlt aus sich selbst wie Gold.

हृदाकाशोदितो ह्यात्मा बाधे भानुस्तमोऽपहृत्।
सर्वव्यापी सवर्ध ारी भाति भासयतेऽखिलम्॥ ६७ ॥

hṛdākāśodito hyātmā bodhabhānustamo'pahṛt |
sarvavyāpī sarvadhārī bhāti bhāsayate'khilam || 67||

Atman, die Sonne der Erkenntnis, die am Himmel des Herzens aufsteigt, zerstört die Dunkelheit der Ignoranz, durchdringt und erhält alles und leuchtet und erleuchtet alles.

दिग्देशकालाद्यनपेक्ष्य सर्वगं
शीतादिहृन्नित्यसुखं निरंजनम्।
यः स्वात्मतीर्थं भजते विनिष्क्रियः
स सर्ववित्सर्वगतोऽमृतो भवेत्॥ ६८ ॥

digdeśakālādyanapekṣya sarvagaṁ
śītādihṛnnityasukhaṁ nirañjanam |
yaḥ svātmatīrthaṁ bhajate viniṣkriyaḥ
sa sarvavitsarvagato'mṛto bhavet || 68||

Wer allen Handlungen entsagt, wer frei ist von allen Begrenzungen von Zeit, Raum und Richtung, verehrt seinen eigenen Atman, der überall gegenwärtig ist, der der Zerstörer von Hitze und Kälte ist, der ewige Glückseligkeit und unbefleckt ist und wird all-wissend und all-durchdringend und erreicht danach Unsterblichkeit.

॥ इति आत्मबाधे ः समाप्तः ॥

|| iti ātmabodhaḥ samāptaḥ ||

So endet der Text Atma Bodha, das „Wissen vom Selbst“.

॥ ॐ तत् सत्॥

|| om tat sat ||

# Aparoksha Anubhuti

## Die direkte Verwirklichung des Selbst

übersetzt von

**Clemens Vargas Ramos**

## Vorwort zur deutschen Erstausgabe

Sankara (788-820), der Kodifikator des Advaita Vedanta, Verfasser vieler grundlegender Schriften des Hinduismus und Begründer zahlreicher Klöster des alten Indien, erläutert in dieser Schrift in 144 Sutras das Mittel zur endgültigen Verwirklichung des Selbst.

Die Quintessenz dieses Werkes in seinen eigenen Worten lautet:
„So wie wir uns in unserem Verstand des Tons bewusst werden, wenn wir über den Tonkrug nachdenken, so werden wir uns des Gedankens des stets leuchtenden Brahmans bewusst, wenn wir gründlich über die vergängliche Natur dieses Universums nachdenken.
Nur durch ununterbrochene Praxis kann der Atman verwirklicht werden, der absolutes Sein und Bewusstsein ist. Daher muss derjenige, der die höchste Erkenntnis erlangen will, lange Zeit über Brahman meditieren, um das gewünschte Ziel zu erreichen."

Mit dieser Übersetzung liegt dieses wichtige Werk erstmals auch dem deutschen Leser vor.

*Clemens Vargas Ramos*
*Oldenburg, im Oktober 2007*

## Aparoksha Anubhuti

1. Ich (das Ego, das individuelle Ich, welches sich mit den grobstofflichen, subtilen und kausalen Körpern identifiziert und so unter den verschiedenen Formen des Kampfes für die Befreiung leidet) grüße, mich zu Boden werfend, *Sri Hari* (den Zerstörer der Unwissenheit), Höchste Seligkeit, Höchster Lehrer, *Ishvara* (Der Herr), Allgegenwart und Ursache (ursprüngliche und materielle) des Universums.

2. Hier wird das Mittel erläutert, durch welches *Aparoksha Anubhuti* (die direkte Verwirklichung des Selbst) erlangt werden kann, um so die endgültige Befreiung zu erreichen. Die Guten mit den reinen Herzen müssen beständig und mit äußerster Beharrlichkeit über die Wahrheit meditieren, die hier dargelegt wird.

3. Die Vorbedingungen, die zum Erlangen der Erkenntnis erforderlich sind, wie etwa die Verhaftungslosigkeit und andere, können durch göttliche Gnade, durch Askese und durch Erfüllung der Pflichten, wie sie dem Alter und der sozialen Ordnung entsprechen, erworben werden.

4. Die Gleichgültigkeit, die jemand gegenüber dem Kot einer Krähe empfindet, und die er unterschiedslos auf sämtliche Gegenstände des Vergnügens angefangen mit den himmlischen und endend mit den weltlichen, ausdehnt, ist die wahre, reine Verhaftungslosigkeit (*Vairagya*).

5. *Atman* (der Ewige Zeuge) allein ist das einzige Seiende und das Bezeugte das Nicht-Seiende – die feste Überzeugung, dass dies die Wahrheit ist, wird Unterscheidungsfähigkeit genannt.

6. Die Aufgabe sämtlicher Freuden zu allen Zeiten wird *Shama* (innere Selbstbeherrschung) und die Kontrolle der äußeren Funktionen des Körpers wird *Dama* (äußere Selbstbeherrschung) genannt.

7. Das vollständige Abrücken von sämtlichen Sinnesobjekten stellt den Höhepunkt von *Uparati* (Beherrschung des Gemüts) dar, während das geduldige Ertragen aller Arten von Schmerzen und Ungemach *Titiksha* (Geduld) genannt wird.

8. Das unbedingte Vertrauen in die *Veden* (heilige Schriften) und in die Worte der Meister, die sie erklären, wird als *Shradda* bezeichnet, während die Ausrichtung des Verstandes auf das Eine Sein (*Brahman*) *Samadhana* heißt.

9. „Wann und wodurch, oh mein Gott, wirst du mich von den Bindungen an diese Welt befreien?" Eine glühende Sehnsucht wie diese wird *Mumukshutwa* genannt.

10. Nur derjenige, der die vorerwähnten Qualitäten besitzt und den Wunsch nach vollständiger Befreiung hegt, ist in der Lage,ununterbrochen über die Höchste Erkenntnis zu reflektieren.

11. So wie ein Objekt niemals ohne die Hilfe des Lichts wahrgenommen werden kann (obgleich dem Menschen verschiedene Wahrnehmungsmittel zur Verfügung stehen), so erreicht man die Erkenntnis mit keiner anderen Methode als mit derjenigen der Unterscheidung.

12. Wer bin ich? Wie ist diese Welt entstanden? Wer war ihr Schöpfer? Was ist der Stoff, aus dem diese Welt besteht? So sollte die Analyse vorgenommen werden.

13. Ich bin nicht der Körper, nicht die Verbindung der fünf materiellen Elemente und auch nicht das Aggregat der Sinnesorgane. Von all diesem bin ich unterschieden. So sollte Selbsterforschung betrieben werden.

14. All dieses ist das Ergebnis der Unwissenheit – es verschwindet völlig mit dem Aufdämmern der Erkenntnis. Die verschiedenen Gedankenformen (Modifikationen des *Antahkarana*, des inneren Organs, des Verstandes) sind der alleinige Schöpfer. So sollte Selbsterforschung (*Vichara*) betrieben werden.

15. Die materielle Ursache der Unwissenheit und des Denkens ist das Eine Sein, subtil und unbeweglich; so wie der Ton die einzige Ursache der verschiedenen aus Ton gemachten Vasen ist. So sollte Selbsterforschung betrieben werden.

16. Da ich stets das Eine, Subtile, der Kenner, der Zeuge, das immer Existierende und Unbewegliche bin, kann es keinerlei Zweifel daran geben, dass ich DAS (*Brahman*) bin. So sollte Selbsterforschung betrieben werden.

17. *Atman* ist in der Tat das Eine ohne Teile, während der Körper aus verschiedenen Teilen gemacht ist. Gleichwohl verwechseln die Menschen dies, indem sie beides miteinander identifizieren. Wem sollte die Unwissenheit zugeschrieben werden, wenn nicht dem Körper?

18. *Atman* ist das Innere und der Beherrschende des Körpers, während dieser das Beherrschte und das Äußere ist. Beide als identisch miteinander zu betrachten ist der Gipfel der Unwissenheit.

19. Der *Atman* ist nichts als Bewusstheit und Heiligkeit, während der Körper nichts als Fleisch und Unreinheit ist. Beide als identisch miteinander zu betrachten ist der Gipfel der Unwissenheit.

20. Der *Atman* ist die Höchste Lichtigkeit und Reinheit selbst, während der Körper, den man als grobstofflich und träge ansieht, tumb ist. Beide als identisch miteinander zu betrachten ist der Gipfel der Unwissenheit.

21. Der *Atman* ist ewig wie auch das Sein selbst, während der Körper vergänglich ist, weil sein Wesen unwirklich ist. Beide als identisch miteinander zu betrachten ist der Gipfel der Unwissenheit.

22. Der *Atman* ist der aus sich selbst heraus Strahlende (da er weder die Sonne noch ein anderes Licht benötigt, um zu leuchten). Sein Strahlen ist das Bewusstsein, welches sich durch die Objekte manifestiert – und dies ist nicht das einfache Gegenteil der Dunkelheit. Dagegen hängen sämtliche glühenden oder brennenden Objekte bis hin zu Sonne von gewissen Bedingtheiten ab, die ihr Licht verursachen. Niemals können sie die Dunkelheit völlig verlassen, obwohl sie darum kämpfen.

23. Wie seltsam, dass ein Individuum, wohl wissend, dass sein Körper ihm gehört wie ein Möbelstück, mit dem Gedanken einverstanden ist, selbst nur der Körper zu sein!

24. Ich bin wahrlich *Brahman*, unveränderlich und unerschütterlich – meine Natur ist Sein, Bewusstsein und Seligkeit. Ich bin nicht der Körper (in keiner seiner Formen, seien diese grobstofflich, subtil oder kausal), welcher reine Unwirklichkeit ist. Dies nennen die Weisen die wahre Erkenntnis.

25. Ich bin unbeweglich, formlos, makellos und ewig. Ich bin nicht der Körper, der reine Unwirklichkeit ist. Dies nennen die Weisen die wahre Erkenntnis.

26. Ich bin gefeit gegen jede Krankheit, unerforschlich (da ich das einzige und ewig seiende Subjekt bin) und frei von Begrenzungen. Ich bin DAS, das allem Bewusstsein verleiht und alles durchdringt. Ich bin nicht der Körper, der reine Unwirklichkeit ist. Dies nennen die Weisen die wahre Erkenntnis.

27. Ohne Eigenschaft oder Aktivität bin ich der Ewige, der immer Freie und Unvergängliche. Ich bin nicht der Körper, der reine Unwirklichkeit ist. Dies nennen die Weisen die wahre Erkenntnis.

28. Ich bin unberührt von jeder Unreinheit, unbeweglich, unbegrenzt, heilig, alterslos und unsterblich. Ich bin nicht der Körper, der reine Unwirklichkeit ist. Dies nennen die Weisen die wahre Erkenntnis.

29. Oh Unwissenheit! Weshalb behauptest du, dass der Glückliche, der immer seiende *Atman*, der in deinem eigenen Körper wohnt und in der Tat unterschieden von ihm und fern jeder Beschreibung ist, und den die *Veden* als identisch mit *Brahman* feststellen, absolut nicht existiere?

30. Oh Unwissenheit! Versuche mit Hilfe der heiligen Schriften und der Unterscheidung zu verstehen, dass dein eigenes Selbst, der *Purusha*, der unterschieden vom Körper ist, nicht das vermeintlich Inexistente (obschon er keinerlei Eigenschaften besitzt), sondern im Gegenteil das Sein selbst ist, was aber von Personen wie dir (die fest am Körper hängen und den lebenswichtigen Unterschied zwischen dem *Purusha* und dem Körper vernachlässigen) schwer zu erkennen ist.

31. Das Höchste (*Purusha*), bekannt als das „Ich“ (Ego) ist eins, der Körper aber vielfach, weil er etwas Zusammengesetztes ist. Wie kann dann dieser Körper der *Purusha* sein?

32. Das „Ich“ ist unzweifelhaft das Subjekt der Wahrnehmung,während der Körper dagegen das Objekt ist. Wenn man vom Körper spricht, sagt man: „Dieser ist meiner“. Wie kann dann dieser Körper der *Purusha* sein?

33. Es ist das Ergebnis unmittelbarer Erfahrung im *Samadhi* (meditative Versenkung) und in der höchsten Erkenntnis, dass das „Ich selbst“, der *Atman*, unveränderlich ist. Im Unterschied dazu ist der Körper unaufhörlichen Veränderungen unterworfen. Wenn es sich so verhält, wie kann dann dieser Körper der *Purusha* sein?

34. Die Weisen haben die wahre Natur des *Purusha* bestätigt, die in den heiligen Schriften niedergelegt ist: „Es existiert nichts höheres, subtileres oder größeres als dieser *Purusha*.“ Wie kann daher dieser Körper der *Purusha* sein?

35. In den heiligen Schriften finden wir außerdem dieses Sutra: „Der *Purusha* ist ohne jeden Zweifel alles dieses (die phänomenale Welt).“ Er ist das einzige, was in der Vergangenheit war und in der Zukunft sein wird. Er ist der Herr der Seligkeit, der diese manifestierte und vergängliche Form des Universums angenommen hat, damit sich die Wirkungen der Wünsche und Tätigkeiten der Lebewesen, die sich für Individuen halten, erschöpfen können. Da es so ist, wie kann dann dieser Körper der *Purusha* sein?

36. Ein weiterer heiliger Text, die *Brihadaranyaka Upanishad,* erklärt: „Im Zustand der Reinheit ist der *Purusha* völlig unberührt von allem, was er in den Träumen gesehen hat, denn er ist allem gegenüber vollständig unverhaftet." Wie kann demzufolge dieser Körper, der über und über mit zahllosen Unreinheiten bedeckt ist, der *Purusha* sein?

37. In denselben heiligen Texten wird ausdrücklich erklärt, dass der *Purusha* der „Selbstleuchtende" (d.h., er benötigt weder ein inneres noch äußeres Licht) sei. Wie kann also dieser Körper, der aus lebloser Materie besteht, gefühllos und allein durch eine äußere Ursache belebt, der *Purusha* sein?

38. Andere religiöse Schriften, die den Gedanken der Existenz Gottes nicht verleugnen, bestätigen, dass der *Atman* beständig und unterschieden vom Körper ist, weil er den Fall des Körpers (Tod) überdauert und die Früchte seiner (des Körpers) Tätigkeiten in diesem Leben erntet.

39. Sogar der subtile Körper, der aus vielen Teilen zusammengesetzt ist, als da wären: der Intellekt, das Gemüt, die fünf Sinnesorgane, die fünf Tätigkeitsorgane und die fünf vitalen Kräfte (*Pranas*), ist unbeständig. Außerdem ist dieser Körper, der wahrgenommen wird, aber nicht selbst wahrnehmen kann, veränderlich, begrenzt und wesenhaft unwirklich. Wie kann er dann der *Purusha* sein?

40. Daher ist der unbewegte *Atman,* die Grundlage des Egos, unterschieden von den beiden Körpern (dem grobstofflichem und subtilen). Er ist der *Purusha,* der Höchste Herr und das Selbst von allem. Er ist gleichzeitig in allen Formen gegenwärtig und transzendent.

41. Die Meister der Logik, die den Unterschied zwischen dem *Atman* und dem Körper zugeben, bestätigen damit indirekt die Wirklichkeit der Welt. Man muss jedoch noch weiterfragen: Wie kann diese Bestätigung dem menschlichen Lebenszweck dienen?

42. Bis hierhin wurde klar der Unterschied zwischen dem *Atman* und dem Körper festgestellt; mithin die Identität beider verneint. Im Folgenden wird nachgewiesen, dass die Schlussfolgerung der Unterschiedlichkeit selbst illusorisch ist.

43. In keinem einzigen Moment kann ein Aufhören oder eine Vielfalt für das Höchste Bewusstsein behauptet werden, da es stets einheitlich und homogen ist. Die Individualität des *Jiva* (der individuellen Seele) ist daher so illusorisch wie die Erscheinung eines Seils als Schlange.

44. Da wir die wahre Natur des Seils nicht erkennen, verwechseln wir es mit einer Schlange, obwohl das Seil während dieser falschen Wahrnehmung zu keiner Zeit seine Natur ändert. Auf dieselbe Weise erscheint das Reine Bewusstsein als das phänomenale Universum, ohne währenddessen den geringsten Wandel zu erleiden.

45. Dieses phänomenale Universum hat keine andere materielle Ursache als *Brahman*. Daher ist dieses gesamte Universum nur *Brahman* und nichts anderes.

46. Aus der Aussage der *Veden*: „All dies ist der *Atman*" ergibt sich, dass der Gedanke, das Sein durchdringe das Universum oder dieses werde vom Sein durchdrungen, reine Illusion ist. Wird diese höchste Wahrheit einmal verstanden, kann es keinerlei Unterschied mehr zwischen Ursache und Wirkung geben.

47. In der folgenden Feststellung der *Veden* wird eine Vielheit *Brahmans* ausdrücklich verneint: „Nachdem man die Wahrheit von einem kompetenten Meister, der über einen gereinigten Verstand verfügt, vernommen hat, muss man verstehen, dass es im *Brahman* keinerlei Vielheit geben kann." Obwohl man es bis jetzt (irrtümlich) als Tatsache angesehen hat, dass *Brahman* die Ursache des phänomenalen Universums ist, muss man sich fragen: Wie kann dieses verschieden von *Brahman* sein?

48. Darüber hinaus haben dieselben *Veden* den Glauben an die Vielheit mit den folgenden Worten verurteilt: „Jene Person, die von der *Maya* (der kosmischen Illusion) getäuscht wird und Vielheit in *Brahman* sieht, geht von Tod zu Tod", was bedeutet, dass sie sich nicht von den Leiden fortgesetzter Geburten und Tode befreien kann.

49. Da alle Lebewesen ihren Ursprung in *Brahman* haben, müssen sie auch als in *Brahman* selbst seiend verstanden werden.

50. Die *Veden* erklären entschieden, dass nur *Brahman* allein das Substrat aller Namen, Formen und Tätigkeiten ist.

51. So wie ein aus Gold gemachtes Stück stets nur Gold ist, so gilt, dass das aus *Brahman* Geborene stets nur *Brahman* ist.

52. Die Furcht gehört zu den Eigenschaften des Unwissenden, der fortfährt, Unterschiede, und seien sie noch so gering, zwischen dem individuellen und dem Höchsten Selbst zu machen.

53. In der Unwissenheit, die das Konzept der Dualität zeugt, sieht man Anderes (etwas oder jemanden getrennt von sich selbst). Wenn jedoch alles nur mit dem *Atman* identifiziert wird, nimmt man nicht im Entferntesten etwas von sich selbst Getrenntes wahr.

54. Wenn alle Dualität abwesend ist und verstanden wird, dass alles dieses mit *Atman* identifiziert ist, tauchen weder Verwirrung noch Leiden auf.

55. Die *Veden* in der Gestalt der *Brihadaranyaka Upanishad* erklären, dass dieser *Atman* das Selbst aller Lebewesen und wahrhaftig *Brahman* ist.

56. Diese wahrgenommene Welt, die ein Objekt unserer täglichen Erfahrung ist und praktischen Zwecken dient, ist ebenso inexistent wie die Welt unserer Träume, weil sich ihr Dasein (ihre Namen und Formen) fortwährend verändert.

57. Die Traumerfahrung ist unwirklich im Wachzustand, während gleichermaßen die Erfahrungen des Wachzustandes abwesend in den Träumen sind. Beide Erfahrungen sind wiederum abwesend im Tiefschlaf, der wiederum in den anderen Zuständen nicht erfahren wird.

58. Daher sind alle drei Zustände illusorisch, da sie Schöpfungen der drei *Gunas* (der kosmischen Elementarkräfte: *tamas* – Trägheit, *rajas* – Bewegung, *sattva* – Harmonie) sind. Jenseits der *Gunas* befindet sich der Zeuge, *Atman* (die Wirklichkeit hinter den *Gunas*), der über alle Eigenschaften erhaben ist und der Ewige und Bewusstsein selbst ist.

59. Auf dieselbe Weise wie man nach dem Verschwinden der Illusion Perlmutter nicht mehr für Silber oder Ton für eine Vase hält, so verwechselt man nicht mehr *Brahman* mit der individuellen Seele, sobald *Brahman* verwirklicht wurde.

60. Auf dieselbe Weise, wie wir dem Ton den Namen „Vase", dem Gold den Namen „Armreif" geben und das Silber mit dem Perlmutter verwechseln, so wird *Brahman* mit dem individuellen Selbst verwechselt und diesem zugeschrieben.

61. Im *Atman* das Universum zu sehen, ist ebenso illusorisch wie Bläue im Himmel, Wasser in der Luftspiegelung oder (in der Dunkelheit) eine menschliche Gestalt in einem Pfahl zu sehen.

62. Die Erscheinung des Universums im *Brahman* ist gleichermaßen illusorisch wie die Erscheinung eines Phantoms an einem leeren Ort, eines Schlosses in der Luft oder eines zweiten Mondes am Himmel.

63. So wie Wasser in der Form von großen und kleinen Wellen oder Kupfer in der Form verschiedener Gerätschaften erscheint, so erscheint der *Atman* als das Universum.

64. So wie Ton den Namen „Tonkrug" oder Fäden den Namen „Tuch" erhalten, so erscheint der *Atman* als das Universum. Um den *Atman* zu erkennen, ist es unentbehrlich, alle Namen und Formen, die Manifestationen der Unwissenheit sind, zu verneinen.

65. Alle unsere Tätigkeiten werden ohne bewusstes Wissen in und durch *Brahman* vollzogen. Dieselbe Unbewusstheit verbirgt vor uns die Wahrheit, dass alle die verschiedenen Formen aus Ton, die wir benutzen, wahrhaftig nichts als Ton sind.

66. Dieselbe Beziehung von Ursache und Wirkung, die zwischen dem Ton und den Vasen existiert, existiert auch zwischen *Brahman* und dem phänomenalen Universum. Diese Beziehung, die ausschließlich nur aus Namen und Formen besteht, wurde als solche in den heiligen Schriften, den *Veden*, durch vernünftige Schlussfolgerung festgestellt.

67. So wie wir uns in unserem Verstand des Tons bewusst werden, wenn wir über den Tonkrug nachdenken, so werden wir uns des Gedankens des stets leuchtenden *Brahmans* bewusst, wenn wir gründlich über die vergängliche Natur dieses Universums nachdenken.

68. *Atman*, der (ohne Modifikation) für die Weisen stets rein ist, erscheint den Unwissenden als unrein (oder zusammengesetzt), so wie ein und dasselbe Seil auf zweierlei verschiedene Arten (Seil und Schlange) erscheint, wenn es von Wissenden oder Unwissenden wahrgenommen wird.

69. So wie ein Krug nichts als Ton ist, so ist gleichermaßen der Körper (und auch das gesamte Universum) nur Bewusstsein und nichts anderes. Es sind die Unwissenden, die vergeblich einen Unterschied zwischen dem Sein und dem Nicht-Sein behaupten.

70. So wie ein Seil als Schlange und Perlmutter als Silber angesehen wird, so denkt der Unwissende, dass der Körper der *Atman* ist.

71.-74. Irrtümlich werden Ton als Vase, Fäden als Tuch, Gold als Armreif, Wasser als Wellen, ein Baumstamm als menschliche Gestalt, eine Luftspiegelung als Wasser, ein Haufen Holz als Haus und ein Stück Eisen als Schwert angesehen. In derselben Weise wird der *Atman* für den Körper gehalten.

75. So wie wir einen illusorischen Baum, in Wasser gespiegelt, sehen, so halten wir aufgrund der Unwissenheit den Körper für den *Atman*.

76. So wie für eine Person, die in einem Boot fährt, alles außerhalb davon in Bewegung zu sein scheint, so halten wir aufgrund der Unwissenheit den Körper für den *Atman*.

77. So wie einer an Gelbsucht erkrankten Person alle weißen Dinge als gelb erscheinen, so halten wir aufgrund der Unwissenheit den Körper für den *Atman*.

78. So wie einer Person mit einem Augenschaden alle von ihr gesehenen Dinge als schadhaft erscheinen, so halten wir aufgrund der Unwissenheit den Körper für den *Atman*.

79. So wie durch Kreisen eines brennenden Holzstücks der Eindruck eines Feuerrades entsteht, so halten wir aufgrund der Unwissenheit den Körper für den *Atman*.

80. So wie weit entfernte Dinge, die in Wirklichkeit groß sind, als klein erscheinen, so halten wir aufgrund der Unwissenheit den Körper für den *Atman*.

81. So wie Dinge, die tatsächlich sehr klein sind, durch ein Vergrößerungsglas als groß erscheinen, so halten wir aufgrund der Unwissenheit den Körper für den *Atman*.

82. So wie die Oberfläche von Glas aufgrund von Unwissenheit für Wasser und eine stille Wasseroberfläche für Glas gehalten wird, so halten wir aufgrund der Unwissenheit den Körper für den *Atman*.

83. So wie eine Person einen Edelstein für Feuer oder Feuer für einen Edelstein hält, so halten wir aufgrund der Unwissenheit den Körper für den *Atman*.

84. So wie durch die Bewegung der Wolken der Mond selbst in Bewegung zu sein scheint, so halten wir aufgrund der Unwissenheit den Körper für den *Atman*.

85. So wie eine verwirrte Person die Orientierung in den Himmelsrichtungen verloren hat, so halten wir aufgrund der Unwissenheit den Körper für den *Atman*.

86. So wie sich der in unruhigem Wasser gespiegelte Mond zu bewegen scheint, so halten wir aufgrund der Unwissenheit den Körper für den *Atman*.

87. Auf dieselbe Weise erscheint aufgrund von Unwissenheit im *Atman* die Illusion des Körpers, die wiederum im Höchsten *Atman* verschwindet, sobald die direkte Verwirklichung erlangt wird.

88. Wenn das gesamte bewegte und unbewegte Universum als der *Atman* angesehen und die Existenz sämtlicher Dinge darin verneint wird, wie kann man dann noch den Körper als den *Atman* ansehen?

89. Oh Erleuchteter! Während du die Ergebnisse des *Prarabdha-Karma* (des gegenwärtigen Lebensschicksals) erfährst, meditiere stets über den *Atman*, denn sich elend zu fühlen, wäre deiner unwürdig.

90. Hiermit ist die Theorie widerlegt, die aus den Schriften vernommen wird, dass die Kräfte des *Prarabdha-Karma* auch dann weiterwirken, nachdem die Erkenntnis des *Atman* aufgetaucht ist (für den Kenner des *Atman* existieren weder der Körper noch die drei Arten des *Karma* weiter).

91. Wie nach dem Aufwachen der Traum nicht länger existiert, so hören mit dem Auftauchen der Erkenntnis der Wirklichkeit das *Prarabdha-Karma* und die Wahrnehmungen des Körpers und seiner Aggregate (Verstand, Intellekt usw.) auf.

92. Das *Prarabdha-Karma* (das dieses Leben hervorgebracht hat) ist das *Karma* (oder die Tätigkeit), welches in einem früheren Leben erzeugt worden ist. Für den verwirklichten Menschen (der frei vom Konzept des Egos ist) existiert keinerlei *Karma* mehr, da er frei vom Zyklus der Wiedergeburten ist.

93. So wie der Traumkörper eine illusorische Überlagerung des *Atman* ist, so ist es auch der gegenwärtige Körper. Wie kann es dann die Geburt eines illusorischen Körpers geben? Und wie kann es weiterhin in Abwesenheit des Körpers *Prarabdha-Karma* geben?

94. Die Schriften des *Vedanta* (der Schlussbetrachtung der *Veden*) erklären, dass es in Wirklichkeit die Unwissenheit (*Avidya*) ist, die die materielle Ursache der phänomenalen Welt darstellt, wie der Ton die Ursache des Kruges ist. Wenn die Unwissenheit zerstört ist, wie kann dann das Universum noch fortbestehen?

95. Aufgrund der Unwissenheit nimmt eine Person allein die Schlange und nicht das Seil wahr, welches doch die Wirklichkeit ist. Ebenso sieht der Unwissende einzig die phänomenale Welt, ohne die Wirklichkeit zu erkennen.

96. Sobald die wahre Natur des Seils erkannt wird, kann die Illusion der Schlange nicht fortbestehen. Ebenso verschwindet mit der Erkenntnis der Essenz von allem (*Brahman*) die phänomenale Welt völlig aus dem Bewusstsein.

97. Wie kann *Prarabdha-Karma* existieren, wenn die Unwirklichkeit des Körpers erkannt ist, der doch zur phänomenalen Welt gehört? Aus diesem Grunde sprechen die *Veden* nur als Zugeständnis gegenüber den Unwissenden vom *Prarabdha-Karma*.

98. „Alle Tätigkeiten (Karmas) des Menschen, der den *Atman*, der das Höchste und das Niedrigste ist, verwirklicht hat, vergehen." In diesem Passus der *Veden* wird durch die Verwendung des Plural das *Prarabdha-Karma* klar verneint.

99. Falls der Unwissende immer noch wider besseren Wissens die Möglichkeit, auch nach der Verwirklichung von Wirkungen des *Prarabdha-Karmas* betroffen zu sein, aufrechterhält, verwickelt er sich nicht nur in absurde Widersprüche, sondern er widerspricht damit auch der klaren Feststellung des *Vedanta*, dass nämlich „nur der nicht-duale *Atman* existiert und allein durch die Unwissenheit das illusorische phänomenale Universum wahrgenommen wird." Daher muss man den Sutras der *Veden* vertrauen, die von der Wahrheit sprechen.

100. Zur Verwirklichung des zuvor Ausgeführten spreche ich nun von den fünfzehn Bedingungen, mit deren Hilfe ununterbrochen tiefe Meditation über die Wahrheit geübt werden sollte.

101. Nur durch ununterbrochene Praxis kann der *Atman* verwirklicht werden, der absolutes Sein und Bewusstsein ist. Daher muss derjenige, der die höchste Erkenntnis erlangen will, lange Zeit über *Brahman* meditieren, um das gewünschte Ziel zu erreichen.

102-103. Die Bedingungen für die Verwirklichung sind: Die Kontrolle der Sinne, die Kontrolle des Verstandes, die Entsagung, die Stille, der Raum, die Zeit, die Haltung, die Basis oder Wurzel der Zurückhaltung (*Mulabandha*), das Gleichgewicht des Körpers, die Klarheit der Vision, die Kontrolle der vitalen Kräfte, die Zurückhaltung des Verstandes, die Konzentration, die Kontemplation des *Atman* und die vollständige Absorption.

104. Die Kontrolle der Sinne (*Yama*) wird durch die Erkenntnis erlangt, dass alles *Brahman* ist. Diese Praxis muss wieder und wieder geübt werden.

105. Der kontinuierliche Fluss eines einzigen Gedankens unter Ausschluss aller anderen wird als die Kontrolle des Verstandes (*Niyama*) bezeichnet. Die Weisen praktizieren dies regelmäßig. Der eine und einzige Gedanke ist: Mein Selbst ist das Höchste Selbst.

106. Die wahre Entsagung besteht in der Aufgabe dieses illusorischen Universums, welches als der allwissende *Atman* erkannt wird. Die Großen ehren diese Form der Entsagung wegen ihrer Natur der unverzüglichen Befreiung.

107. Der Weise sollte stets eins mit der Stille sein, der sich Worte und Verstand zuwenden, ohne sie jemals berühren zu können. Die *Yogis* jedoch erreichen eben diese Stille.

108-109. Wer kann DAS (*Brahman*) beschreiben, das durch Worte nicht berührt werden kann? (denn *Brahman* wird nur in der Stille verwirklicht.) Ebenso geht der Versuch fehl, die phänomenale Welt zu beschreiben, da sie jenseits aller Worte ist. (man kann weder behaupten, dass die Welt *Sat* [wirklich] sei, weil sie im Tiefschlaf nicht wahrgenommen wird, noch dass sie *Asat* [unwirklich] sei, weil wir sie im Wachzustand wahrnehmen.) Daher muss die phänomenale Welt ebenfalls als unbeschreibbar angesehen werden. Die Weisen kennen diese Unausdrückbarkeit auch als die wesenhafte Stille (da sie untrennbar vom *Atman* ist). Die Kontrolle der Sprache als Mittel des Stillseins wird von den Lehrern der Natur des *Brahman* gegenüber den Unwissenden angeordnet.

110. Der Raum ist jene Erhabenheit, in der das Universum weder am Anfang, in der Mitte noch am Ende existiert, aber gleichwohl von diesem Raum in alle Ewigkeit durchdrungen wird (dieser Raum ist *Brahman*).

111. Das nicht-duale *Brahman*, dessen Natur unteilbare Seligkeit ist, wird mit dem Wort „Zeit" in Verbindung gebracht, weil es in der Zeitspanne eines Lidschlags alle Lebewesen von *Brahma* (dem Schöpfer) an abwärts erschafft.

112. Die wahre Haltung ist diejenige, mit deren Hilfe die Meditation über *Brahman* spontan und unaufhörlich vonstatten geht, jedoch nicht jene, die die Seligkeit dieser Meditation stört.

113. *Siddhasana* wird jene Haltung genannt, die als der Ursprung aller Lebewesen und Grundlage des gesamten Universums bekannt ist, die unbeweglich ist und in welcher die Erleuchteten ihre Individualität vollständig verlieren.

114. DAS (*Brahman*), das die Wurzel der gesamten Existenz ist, und auf dem die Kontrolle des Verstandes beruht, ist als die Basis oder Wurzel der Zurückhaltung (*Mulabandha*) bekannt. Diese Haltung sollte stets von denen eingenommen werden, die *Raja-Yogis* (*Raja Yoga* – eine mental orientierte Yoga-Form) sind.

115. Das Gleichgewicht aller Teile des Körpers entsteht durch die vollständige Absorption im einheitlichen *Brahman*. Bloße strenge Körperkontrolle wie bei einem vertrockneten Baum kann nicht als Gleichgewicht angesehen werden.

116. Durch Verwandlung der gewöhnlichen Sicht in die Sicht der Erkenntnis muss man dahin kommen, die Welt als *Brahman* selbst anzusehen. Nur diese ist die wahre höchste Sicht, aber nicht diejenige, die ihre Aufmerksamkeit nur auf die Nasenspitze richtet.

117. Oder man sollte seine Aufmerksamkeit allein auf DAS richten, in dem alle Unterscheidungen von Seher, Gesehenem und Akt des Sehens verschwinden, aber nicht auf die Nasenspitze.

118. Die Kontrolle aller mentalen Modifikationen, die als *Chitta* bezeichnet werden, und die Art, sie als *Brahman* allein zu sehen, wird *Pranayama* genannt.

119-120. Die Verneinung der phänomenalen Welt ist *Rechaka* (Ausatmung), der Gedanke „ich bin wahrhaftig *Brahman*" ist *Puraka* (Einatmung) und das feste Verbleiben in diesem Gedanken wird *Kumbhaka* (Zurückhalten des Atems) genannt. Dies ist für die Erleuchteten das wahre *Pranayama*. Dagegen quälen die Unwissenden lediglich ihre Nasen.

121. Die Absorption des Verstandes in der höchsten Erkenntnis, in der der *Atman* in allen Objekten wahrgenommen wird, wird *Pratyahara* (Zurückhaltung des Verstandes von den Sinnen und Objekten) genannt. Diese Praxis wird von denjenigen geübt, die die Befreiung suchen.

122. Das höchste *Dharana* (Konzentration) ist jene feste Haltung des Verstandes, in der alles als *Brahman* erkannt wird; wohin der Verstand sich auch immer wenden mag.

123. Das von allem unangefochtene Verbleiben im einzigen, ungeteilten Gedanken „Ich bin wahrhaftig *Brahman*" wird mit dem Begriff *Dhyana* (Meditation) bezeichnet. Diese ist der Bringer höchster Seligkeit.

124. Das vollständige Vergessen aller Gedanken dadurch, sie zuerst bewegungslos zu machen und anschließend konsequent mit *Brahman* zu identifizieren, wird *Samadhi* oder auch Erkenntnis genannt.

125. Der Aspirant sollte diese Meditation, die seine eigene Seligkeitsnatur enthüllt, mit großer Sorgfalt praktizieren, bis sie dominierend geworden ist. Dann entsteht sie spontan in einem einzigen Augenblick, sobald man sich in diesem Zustand befinden möchte.

126. Damit befreit sich der Fähigste der *Yogis*, der diese Vollkommenheit (durch Festigung in dieser Praxis) erlangt hat, von allen anderen Praktiken. Die wahre Natur eines solchen Menschen geht über alle Worte und den Verstand hinaus.

127-128. Während der Praxis des *Samadhi* entstehen unvermeidlich verschiedene Hindernisse, als da wären: Unvermögen in der Erforschung, Lethargie, Wunsch nach den Freuden der Sinne, Schlaf, Trägheit, Zerstreutheit, Geschmack an der Freude und das Gefühl von Leere. Der Aspirant in der Erkenntnis des *Brahman* muss sich Schritt um Schritt von all diesen zahllosen Hindernissen befreien.

129. Während man an ein Objekt denkt, identifiziert sich der Verstand mit diesem. Wenn man an die Leere denkt, wird der Verstand tatsächlich leer, und während man an *Brahman* denkt, erreicht der Verstand die Vollkommenheit. Daher muss man beständig an *Brahman* denken, um Vollkommenheit zu erreichen.

130. Diejenigen, die diesen höchsten und reinigenden Gedanken an *Brahman* aufgeben, leben vergeblich und befinden sich auf derselben Stufe wie die Tiere.

131. Wahrhaft gesegnet sind dagegen diejenigen Personen, die an erster Stelle dieses Bewusstsein von *Brahman* pflegen und mehr und mehr entwickeln. Diese werden allerorten geschätzt.

132. Nur diejenigen, in denen dieses stets präsente Bewusstsein des *Brahman* reifer und reifer wird, erlangen den Zustand des allgegenwärtigen *Brahman*, aber nicht jene, die ihre Zeit lediglich mit leeren Diskussionen verbringen.

133. Auch jene, die nur Geschick in Diskussionen über *Brahman* zeigen, ohne die Verwirklichung zu praktizieren, und die an weltlichen Vergnügen hängen, werden aufgrund ihrer Unwissenheit wiederholte Male wiedergeboren.

134. Der Aspirant in der Verwirklichung des *Brahman* darf nicht einen einzigen Moment ohne den Gedanken an *Brahman* sein; so wie *Brahma, Sanaka, Suka* (die Götter) und andere.

135. Das Wesen der Ursache ist in der Wirkung enthalten, aber nicht umgekehrt. Durch vernünftiges Überlegen kommen wir daher zu der Schlussfolgerung, dass beim Verschwinden der Wirkung auch die Ursache verschwindet.

136. So verbleibt nur die Höchste Wirklichkeit (*Brahman*), die über alle Worte hinausgeht. Dies muss wieder und wieder wie am Beispiel mit dem Ton und der Vase verstanden werden.

137. Nur durch beständiges Praktizieren des *Samadhi* entsteht in jenen, deren Verstand gereinigt ist, ein Zustand des Bewusstseins von *Brahman*, welches schließlich in *Brahman* aufgeht.

138. Als erstes muss man mit der negativen Methode nach der Ursache suchen und diese schließlich mit der positiven Methode in der Wirkung ausfindig machen.

139. Man muss dahin kommen, die Ursache in der Wirkung zu sehen und anschließend die Wirkung vollständig zu verwerfen. Der Weise wird dann zu dem, was danach verbleibt (was verbleibt, ist das Selbst.)

140. Die Person, die beständig und mit fester Überzeugung über eine Sache nachdenkt, wird schließlich selbst zu dieser Sache. Dies lässt sich gut verstehen am Beispiel von der Wespe und der Larve (die Wespe sticht die Larve, die den Schmerz nicht vergessen kann und schließlich selbst zur Wespe wird).

141. Der Weise sollte stets an alles Unsichtbare, Sichtbare und alles andere als an sein Selbst denken, das Bewusstsein selbst ist.

142. Indem das Sichtbare auf das Unsichtbare reduziert wird, muss der Weise daran denken, dass das Universum identisch mit *Brahman* ist. Nur so wird er sich in der ewigen Freude verankern – mit dem Verstand voll von Bewusstheit und Seligkeit.

143. Hiermit wurde der *Raja-Yoga* mit den oben erwähnten Schritten beschrieben. Dieser muss von denjenigen, deren weltliches Verlangen erst teilweise vermindert ist, mit dem *Hatha-Yoga* (Atem-Yoga) kombiniert werden.

144. Für jene, deren Verstand vollständig gereinigt ist, führt allein dieser *Raja-Yoga* zur Vollkommenheit. Die Reinigung des Geistes wird sehr schnell von denjenigen erreicht, die ihren Lehrer und das Göttliche verehren.

* * *

# Im Yoga Vidya Verlag erschienen:

## Sivananda - ein moderner Heiliger

Enge Schüler von Swami Sivananda beschreiben sehr anschaulich die wichtigsten Lebensabschnitte Swami Sivanandas, wie er den spirituellen Weg gegangen ist, systematisch an sich gearbeitet hat und mit viel Disziplin, Weisheit und Hingabe zur höchsten Verwirklichung gekommen ist. Das Buch zeigt dir pragmatisch und methodisch den Weg, den du selbst gehen kannst, um dieses Ziel zu erreichen. Es versetzt dich in die unmittelbare Gegenwart eines großen, selbstverwirklichten Meisters.
372 Seiten, Paperback, 16,80 €, ISBN 978-3-931854-63-8

## Autobiographie

*von Swami Sivananda*

Hier schreibt der große indische Weise Swami Sivananda, wie er vom Normalbewusstsein zum Gottesbewußtsein gekommen ist, so als wäre es die selbstverständlichste Sache der Welt, zur Erfahrung der Einheit zu gelangen. Und gerade diese Selbstverständlichkeit ist es, die Swami Sivananda immer am Herzen gelegen ist – das Geburtsrecht eines jeden Menschen, seine wahre Natur zu entdecken und auszudrücken. Und diese Natur ist göttlich - nach seiner Erfahrung wie auch nach der aller Mystiker verschiedenster Traditionen. Dies ist kein Buch, das man schnell wieder zur Seite legen kann.
196 Seiten, Paperback, 9,80 €, ISBN 978-3-931854-24-9

## Inspirierende Geschichten

*von Swami Sivananda*

Das Geschichtenerzählen ist eine der ältesten menschlichen Traditionen. Was Nahrungmittel für den physischen Körper sind, sind Geschichten für den menschlichen Geist und die menschliche Seele. Geschichten regen die Phantasie an, helfen Menschen dabei, eigene innere Bilder wahrzunehmen, öffnen das Herz und bieten neue Denkanstöße.
232 Seiten, Paperback, 10,80 €, ISBN 978-3-931854-53-9

## Sivananda Yoga

*von Swami Venkatesananda*

Swami Venkatesananda, ein enger Schüler Swami Sivanandas, der viele Jahre bei seinem Lehrer lebte, beschreibt in diesem Buch sehr schön, klar und humorvoll, wie spirituelles Wachstum unter der Führung eines selbstverwirklichten Lehrers möglich ist. In vielen kleinen Geschichten, die er selbst oder andere Schüler mit seinem Lehrer erlebt haben, vermittelt er den Lesern, wie man zur Selbstverwirklichung kommt und wie man Sivananda Yoga Tag für Tag üben und praktizieren kann.

176 Seiten, Paperback, 9,80 €, ISBN 978-3-931854-51-5

## Japa Yoga

*von Swami Sivananda*

Dieses Buch beschreibt in leicht verständlicher Sprache die tantrische Theorie von Klang und Mantra, mit wertvollen Hinweisen für den Gebrauch von Mantras. Die Auflistung von früher nur in mündlicher Überlieferung weitergegebenen Mantras ist selbst in Indien einmalig. Wertvolle Ratschläge zu allen Aspekten des spirituellen Lebens runden das Bild ab.

199 Seiten, Paperback, 9,80 €, ISBN 978-3-931854-25-6

## Göttliches Elixier

*von Swami Sivananda*

Es besteht aus kurzen, prägnanten, bedeutungsschwangeren Sätzen, fast wie Sutras (Aphorismen). Jeder der Sätze eignet sich als Einleitung einer Meditation oder auch als Meditationsthema. „Göttliches Elixier" ist auch wunderbar, um morgens seinen Tag zu beginnen. Jeder Satz ist wie ein Schluck „göttliches Elixier", welches den Tag transformiert. Wir wünschen dir viel Herzensöffnung und tiefe Erkenntnisse mit diesem „Zaubertrank" aus der Feder des großen Meisters.

41 Seiten, Paperback, 6,80 €, ISBN 978-3-931854-52-2

## Götter und Göttinnen im Hinduismus

*von Swami Sivananda*

Die Vielfalt der indischen Götterwelt ist faszinierend und verwirrend zugleich. Letztlich sind alle Götter Aspekte des einen Absoluten, der höchsten Wahrheit, der allumfassenden kosmischen Energie oder Weltenseele. In diesem Buch beschreibt Swami Sivananda einige der wichtigsten Aspekte der indischen Mythologie, ihre Symbolik und tiefe Bedeutung, sowie traditionelle Riten. Ein Buch, das unsere Fantasie anregt, ein besseres Verständnis der indischen Mythologie schenkt und uns im Herzen berühren kann – denn letztlich bekommen wir Zugang zur höchsten Wirklichkeit über das Herz.

145 Seiten, Paperback, 9,50 €, ISBN 978-3-931854-66-9

## Feste und Fastentage im Hinduismus

*von Swami Sivananda*

Die reichhaltige Mythenwelt des Hinduismus wird leicht nachvollziehbar erschlossen. Es ist für Liebhaber von Geschichten, Märchen und Mythen gleichermaßen interessant wie für den Indienreisenden, der seine Erläuterungen zu hinduistischen Gebräuchen und Symbolik findet, wie sie in keinem Reiseführer stehen. Wer sich mit Yoga beschäftigt, findet hier den Bhakti Yoga Aspekt in Form von Ritualen, Gelübden, Vorsätzen, Mantrarezitation usw.

169 Seiten, Paperback, 9,80 €, ISBN 978-3-931854-33-1

## Shrimad Bhagavad Gita - Zwiesprache mit der Ewigkeit

*von Swami Sivananda*

Shrimad Bhagavad Gita - die erhabene, zeitlos gültige Unterweisung Lord Krishnas über die Kunst des richtigen Lebens und Handelns in der Welt, der wahren Natur des Menschen und seiner Beziehung zu Gott. Shri Krishna zeigt den Pfad, der zur Höchsten Wirklichkeit führt, durch die Wege des selbstlosen Handelns (Karma Yoga), der Liebe und Hingabe an das Göttliche (Bhakti Yoga) und dem Weg der Erkenntnis (Jnana Yoga). Die Bhagavad Gita gilt als die Essenz der Vedischen Weisheit Indiens. Sie ist als eine der bedeutendsten klassischen Werke der religiösen Weltliteratur als authentische Quelle der ewigen Wahrheit geschätzt und anerkannt.

423 Seiten, Hardcover, gebunden, 26,90 €, ISBN 978-3-922477-06-8

## Sadhana

*von Swami Sivananda*

Sadhana ist das Sanskritwort für spirituelle Übungen mit dem Ziel des Bewußtseins der allumfassenden Einheit, der Verwirklichung des Selbst. Dieses umfassende Werk des großen Heiligen und Meisters Swami Sivananda ist ein bedeutendes Buch sowohl über die Philosophie des Yoga-Weges als auch über die zu praktizierenden Techniken aus allen Bereichen des Yoga. Der Leser erhält wertvolle Erklärungen und Informationen über den Weg zur Selbstverwirklichung und ebenso praktische und effektive Übungsanleitungen.

516 Seiten, Hardcover, gebunden, 25,50 €, ISBN 978-3-922477-07-5

## Die Kraft der Gedanken

*von Swami Sivananda*

Es ist ein Werk immerwährenden Interesses und von vielseitiger Nützlichkeit für die Selbsterforschung, Selbsterkenntnis, Aneignung von Charakterstärke und Erfolg im Leben.

Hier wird nicht nur die Intelligenz gefördert, sondern darüber hinaus eine tiefgreifende Erkenntnis verliehen, die es uns ermöglicht, den menschlichen Willen für Erhebendes und Aufbauendes einzusetzen.

161 Seiten, Hardcover, gebunden, 19,80 €, ISBN 978-3-922477-94-5

## Göttliche Erkenntnis

*von Swami Sivananda*

Dieses Buch, Göttliche Erkenntnis, ist in seiner englischen Ausgabe Bliss Divine eine der populärsten Schriften Swami Sivanandas. Es ist eine Sammlung von alphabetisch geordneten Auszügen aus seinen zahlreichen Büchern. Es ist in vorzüglicher Weise geeignet, dem Suchenden Hilfe auf seinem Weg zu geben. Sowohl der Anfänger als auch der Fortgeschrittene finden Inspiration und wertvolle Anleitung. Viele Menschen benutzen es auch als tägliche Inspiration, um einen Leitgedanken für den Tag zu bekommen.

393 Seiten, Hardcover, gebunden., 24,50 €, ISBN 978-3-922477-00-6

## YOGA

*Sivananda Yoga Zentrum*

Aktualisierte Neuausgabe des anerkannten Klassikers:

Alles Wissenswerte über Yoga klar und leicht verständlich, mit zahlreichen anschaulichen Abbildungen und vielen Anregungen für Anfänger und Fortgeschrittene.

Finden Sie zu einem neuen Körpergefühl • Bleiben Sie ein Leben lang jung und fit • Ernähren Sie sich bewusst und gesund • Tanken Sie beim Atmen neue Energie • Verbessern Sie Kondition und Gesundheit • Entspannen Sie in der Schwangerschaft • Bauen Sie Alltagsstress ab • Steigern Sie Ihre Konzentrationsfähigkeit • Finden Sie innere Ruhe und Frieden. Das neue Yoga-Buch entstand unter Anleitung von Swami Vishnu-devananda, dem Begründer der internationalen Sivananda Yoga Zentren.

189 Seiten, Softcover, 24,50 €, ISBN 978-3-922477-40-2

## Einführung in Yoga

*Sivananda Yoga Zentrum*

Die Sivananda Yoga Zentren haben in über 30-jähriger Erfahrung im Yoga-Einführungsunterricht ein umfassendes Basisprogramm entwickelt. Es enthält sämtliche Aspekte, die für Anfänger wichtig sind. Aber auch erfahrenere Yogis werden hier viele inspirierende und wissenswerte Aspekte für sich entdecken. In 8 Lektionen praktizieren Sie Schritt für Schritt die 12 Grundstellungen. Jede Lektion enthält eine in sich ausgewogene Yogastunde, in der Sie mit tiefer Entspannung neue Energien schöpfen können. Neben detaillierten Praxis-Anweisungen finden Sie eine ganze Palette zusätzlicher Informationen zu Aufwärmübungen, Atemübungen, Variationen der Grundstellungen sowie vereinfachte Übungsansätze bei Bewegungseinschränkungen.

158 Seiten, Softcover, 22,50 €, ISBN 978-3-922477-10-5

## Bhaja Govindam

*Adi Shankara*

Bhaja Govindam bedeutet wörtlich »Suche und verehre Gott« und bildet den sich stets wiederholenden Refrain einer Hymne der Entsagung, die vor vielen Jahrhunderten von dem berühmten indischen Vedanta-Philosophen Shankara verfaßt wurde.
Shankara gilt als Reformator vedischen Wissens, der Indien in einer Zeit zunehmender geistiger Spaltung wieder das Wissen um die Einheit des individuellen Selbst mit der kosmischen Allseele gab.
Jeder der 31 Verse erinnert den Leser daran, über allem weltlichen Wissen und den Ablenkungen des Lebens nicht die Suche nach Vereinigung mit seinem Ursprung zu vergessen. Die Hymne wird ergänzt von einigen Ausführungen und Anekdoten über das Leben und Werk Adi Shankaras.
46 Seiten, Paperback, 7,50 €, ISBN 978-3-922477-31-0

## Karma und Reinkarnation

*von Sukadev Bretz*

In dem neuen Buch von Sukadev werden die wichtigsten Fragen des Lebens gestellt: Gibt es ein Leben nach dem Tod? Wie sieht das Leben nach dem Tod aus? Was kann ich tun, wenn ich selbst oder jemand anders stirbt? Viele praktische Tipps dazu machen dieses Buch durch die Einfachheit der Maßnahmen sehr wertvoll. Der 2. Teil des Buches behandelt das Thema Karma: Warum geschieht, was geschieht? Warum gibt es Leiden und offensichtliche Ungerechtigkeiten? Der praktische Standpunkt des Autors klärt die Fragen: Wie kann ein Aspirant aus den Erfahrungen des Lebens lernen? Wie kann man ein ethisches und mitfühlendes Leben führen? Wie kann man uneigennützige Liebe in den Alltag bringen? Fundiertes Wissen angereichert mit persönlichen Beispielen und Erfahrungen.
163 Seiten, Hardcover, gebunden, 19,50 €, ISBN: 978-3-922477-91-4

## Kirtan

Mantras und Liedertexte zum Singen. Eine wunderschöne, freudevolle Methode zur Erweiterung des Bewusstseins, zur Erlangung des Gefühls der Einheit mit dem Kosmischen. Dieses Buch kann Dir eine wertvolle Hilfe beim Mantra-Singen sein. Hier findest Du die Texte der meisten Mantras und Liedern, die wir in unserem Yoga-Center während des Satsangs, der Seminare oder während der Yoga-Ferien singen.
128 Seiten, Paperback, 4,90 €, ISBN 978-3-931854-22-5

## Kirtan Notenhefte

Diese Notenbücher können dir eine wertvolle Hilfe dabei sein, dich selbst und andere beim Singen von Mantras musikalisch zu begleiten.
113 Seiten, Ringbindung DIN A 5, 12,80 €., ISBN 978-3-931854-78-2
( Mit Akkordeon, besonders zur Gitarrenbegleitung geeignet!

122 Seiten, Paperback DIN A 4, 14,80 €, ISBN 978-3-931854-23-2

## Das Yoga vegan Kochbuch

Vegane Vollwertküche für Körper und Geist, leckere Rezepte aus aller Welt, gesund und vitalisierend. Hier findest du viele Anregungen für die häusliche Küche, um genau so Wohlschmeckendes zu kreieren. Mit Erläuterung zu den Prinzipien der idealen Ernährung für Yoga, Meditation und Bewusstseinserweiterung.
77 Seiten, Paperback, 8,00 €, ISBN 978-3-943376-01-2

Informationen zu Seminare und Ausbildungen:
**Yoga Vidya e.V. · Yogaweg 7 · 32805 Horn-Bad Meinberg**
**Tel. 05234/87-0 · Fax 05234/87-1875**

Bitte vollständiges Verlagsprogramm anforden:
**Yoga Vidya GmbH (Versand) · Yogaweg 7 · 32805 Horn-Bad Meinberg**
**Tel. 05234/87-2209 · Fax 05234/87-2225**
**E-Mail: shop@yoga-vidya.de · www.shop.yoga-vidya.de**